# Relaciones Auténticas

Participando con otras personas en maneras
que reflejan el corazón de Dios hacia ellos

Robert E. Logan
con Charles R. Ridley

Publicado por Logan Leadership

Visítenos en: **www.discpleshipdifference.com**

ISBN: 978-1-944955-13-7

Impreso en los Estados Unidos de América

# Reconocimiento

La habilidad de escritura excepcional de Tara Miller trae nuestros pensamientos e ideas a la vida. Por encima de otros, ella hace que este libro sea posible. Por muchos años, su colaboración creativa ha hecho posible el dar recursos escritos a la iglesia para que las personas puedan descubrir y vivir el propósito que Dios les ha dado.
Traducción al español por Cristina Di Stefano.

# CONTENIDO

# Creciendo en relaciones auténticas

Esta guía es una de las ocho guías de discipulado de la serie "Dimensiones del Discipulado." Lo importante no es la guía con la cual comiences. Empieza leyendo donde tú quieras, y continúa hacia donde Dios te dirija. Cuando vivimos en un ritmo y fluir dinámico de una vida misional, necesitamos escuchar la dirección del Espíritu Santo. Estas ocho guías están organizadas según el diagrama que se muestra a continuación; examínalo para ver cómo encajan juntas cada una de las piezas.

Tener amistades auténticas son una evidencia visible y clara de nuestra relación con Dios. Jesús le dijo a sus discípulos que nosotros seríamos conocidos por nuestro amor. Esta es la característica más reconocible de un discípulo de Jesús. Somos llamados a comprometernos con otras personas de manera que refleje el corazón de Dios hacia ellos.

*Así que en todo traten ustedes a los demás tal y como quieren que ellos los traten a ustedes. De hecho, esto es la ley y los profetas. – Mateo 7:12*

Somos llamados a reflejar a Dios a las personas… pero no somos Dios. Somos seres imperfectos, y quebrantados que cometemos errores, pecamos uno contra el otro y damos lugar a la tentación. Así que, dada nuestra condición caída, ¿cómo podemos reflejar a Dios bien? Lo hacemos a través de la honestidad y la transparencia. Es la misma regla que aprendimos en el kínder: admitir cuando te equivocas y pedir perdón. Es más difícil dejar de culpar, cuando la otra persona no admite su culpa. Por lo mismo, hay algo que nos atrae a las personas que sí admiten sus errores y piden perdón. Esto pone a la santidad como un agente transformador en la perspectiva correcta.

Así que, ¿cómo se deben ver las relaciones auténticas con los demás? La siguiente trayectoria de cinco partes, cubre estas cinco expresiones esenciales de relaciones auténticas:

- o Mostrando respeto hacia todas las personas
- o Perdonando a otros y pidiendo perdón
- o Confrontando a los demás con humildad cuando sea necesario

- o Orando con, y por, los demás
- o Apoyándonos uno al otro honestamente a través de todos los desafíos que trae la vida

> "Hay una transparencia hermosa que tienen los discípulos honestos que nunca usan un rostro falso y no pretenden ser otra persona más que quienes realmente son." –Brennan Manning

Reúnete con un grupo de tres o cuatro para hablar de cada una de estas expresiones. Hazle a cada uno las siguientes preguntas. Espera, y pon atención a las respuestas que surgen del corazón. Anímense, desafíense y afírmense uno al otro. Vayan a su propio paso: pueden estudiar una guía a la semana, o una guía cada mes. Sigan cualquier ritmo que funcione mejor para ustedes. Asegúrense de dejar tiempo suficiente para comenzar a vivir cada una de estas conductas.

# 1ª Parte:

# Mostrando respeto hacia todas las personas

*Pregunta clave: ¿Cómo estás mostrando respeto hacia todas las personas? ¿Cómo puedes crecer en ello?*

Tratamos a las personas con respeto porque son creados a la imagen de Dios. Esto incluye a cada ser humano en la tierra, desde los que piden limosna en las calles, hasta los reyes, jóvenes y ancianas, sanos y enfermos, personas que nos caen bien, y personas que nos caen mal. Todos somos creados a la imagen de Dios y merecemos recibir un respeto básico.

> "Puedes asumir con seguridad que has creado a Dios en tu propia imagen cuando ves que Dios odia a las mismas personas que tu odias." — Anne Lamott

¿Cómo se muestra ese respeto? En muchas, muchas maneras distintas, dependiendo en las necesidades y en la relación que tú tengas con la persona: tratando a otros con amabilidad, siendo honesto, no haciendo daño, respetando las opiniones de los demás aún cuando estés en desacuerdo, practicando la generosidad, tomando tiempo, mostrando paciencia. La lista de posibilidades es tan larga como la Escritura misma.

**Oración y escritura en tu diario**

¿A quién te cuesta más respetar? Puedes pensar en individuos o en grupos de personas. (Considera el estatus económico, la raza, la cultura, la educación, la religión, la orientación sexual, el estatus, las decisiones de vida, etc,)

¿Qué se interpone en el lugar del respeto? ¿Qué pasos puedes tomar para tratar eso? Como primer paso, aparta media hora para orar por personas a las cuales se te dificulta respetar. Después escribe acerca de esa experiencia.

Esta semana lee y reflexiona diariamente en la Escritura presentada a continuación. Comienza un fluir natural de oración conversacional con el Espíritu Santo al meditar en las Escrituras, invitándolo a que Él se revele. Luego reúnete con los que estás compartiendo esta trayectoria, e interactúen con las preguntas del discipulado.

**Génesis 1:26-27**

y dijo: «Hagamos al ser humano
a nuestra imagen y semejanza.
Que tenga dominio sobre los peces del mar,
y sobre las aves del cielo;
sobre los animales domésticos,
sobre los animales salvajes,
y sobre todos los reptiles
que se arrastran por el suelo.»
27 Y Dios creó al ser humano a su imagen;

lo creó a imagen de Dios.
Hombre y mujer los creó,

**Génesis 33:10-11**

—No, por favor —insistió Jacob—; si me he ganado tu
confianza, acepta este presente que te ofrezco. Ya que me has
recibido tan bien, ¡ver tu rostro es como ver a Dios mismo!
[11] Acéptame el regalo que te he traído. Dios ha sido muy bueno
conmigo, y tengo más de lo que necesito. Fue tanta la
insistencia de Jacob que, finalmente, Esaú aceptó.

> Namaste (saludo, del sanscrito y del hindi): Veo a Dios en ti

**Santiago 2:1-13**

Hermanos míos, la fe que tienen en nuestro glorioso Señor
Jesucristo no debe dar lugar a favoritismos. [2] Supongamos que
en el lugar donde se reúnen entra un hombre con anillo de oro
y ropa elegante, y entra también un pobre desharrapado. [3] Si
atienden bien al que lleva ropa elegante y le dicen: «Siéntese
usted aquí, en este lugar cómodo», pero al pobre le dicen:
«Quédate ahí de pie» o «Siéntate en el suelo, a mis pies»,
[4] ¿acaso no hacen discriminación entre ustedes, juzgando con
malas intenciones?

[5] Escuchen, mis queridos hermanos: ¿No ha escogido Dios a los
que son pobres según el mundo para que sean ricos en la fe y
hereden el reino que prometió a quienes lo aman? [6] ¡Pero
ustedes han menospreciado al pobre! ¿No son los ricos quienes
los explotan a ustedes y los arrastran ante los tribunales? [7] ¿No

son ellos los que blasfeman el buen nombre de aquel a quien ustedes pertenecen?

[8] Hacen muy bien si de veras cumplen la ley suprema de la Escritura: «Ama a tu prójimo como a ti mismo»; [9] pero si muestran algún favoritismo, pecan y son culpables, pues la misma ley los acusa de ser transgresores. [10] Porque el que cumple con toda la ley pero falla en un solo punto ya es culpable de haberla quebrantado toda. [11] Pues el que dijo: «No cometas adulterio», también dijo: «No mates.» Si no cometes adulterio, pero matas, ya has violado la ley.

[12] Hablen y pórtense como quienes han de ser juzgados por la ley que nos da libertad, [13] porque habrá un juicio sin compasión para el que actúe sin compasión. ¡La compasión triunfa en el juicio!

———————————

**Preguntas para el discipulado:**

o ¿Cuándo has visto a Dios en alguien más? ¿Qué fue lo que viste?

o ¿En qué área ves la imagen de Dios en aquellos que todavía no siguen a Jesús?

- o ¿Cómo puedes buscar intencionalmente ver la imagen de Dios en las personas?

- o ¿A quién conoces ahora mismo que necesita creer que la imagen de Dios vive en ellos?

- o ¿De qué manera muestras respeto? ¿En qué formas indicas que no estás respetando a las personas?

- o ¿Bajo qué circunstancias sientes que debes estar de acuerdo con una persona para poder aceptarlo(a)?

- o ¿Cuándo te has sentido rechazado, como que no encajas en un lugar?

**Pasos de acción:**

o   Tomando en cuenta esto, ¿qué te está pidiendo Dios a ti?

o   ¿Cómo lo llevarás a cabo?

o   ¿Cuándo lo harás?

o   ¿Quién te ayudará?

# 2ª Parte:

# Perdonando a otros y pidiendo perdón

*Pregunta clave: ¿A quién necesitas perdonar? ¿A quién le necesitas pedir perdón?*

Una parte de vivir en un mundo caído significa que pecamos contra otros, al igual las personas cometen pecados en contra de nosotros. A veces es involuntario, a veces es intencional, pero sea como sea, duele igual. ¿Y después qué? Se nos dificulta soltar las ofensas que nos han hecho. Se nos dificulta también reconocer el daño que nosotros le hemos hecho a otros. El perdón que se encuentra en el corazón del evangelio es la única cosa que tiene el poder para liberarnos, dejándonos vivir auténticamente dentro de amistades imperfectas con personas imperfectas.

Este perdón no es barato. No significa que vamos a fingir que no hubo daño. No significa que vamos a fingir olvidar. Significa que recordamos, reconocemos el daño, y escogemos soltarlo de todos modos. Sólo a través del poder de Dios podemos tener acceso a este tipo de perdón: perdonamos porque él nos perdonó (Col. 3:13).

"A veces el silencio es la mejor respuesta." –Dalai Lama XIV

Recuerda que ambas partes del proceso de perdón son esenciales: necesitamos pedir perdón y necesitamos perdonar a otros. Una

cosa sin la otra es un proceso incompleto. Cuando confesamos
nuestros pecados, tratamos de corregir las cosas, y acogemos el
hecho que somos perdonados… sólo entonces seremos realmente
libres para perdonar a otros y no aferrarnos a las ofensas. Si no
podemos perdonar a los demás, entonces tal vez tampoco hemos
aceptado el perdón de Dios para nosotros mismos.

Esta semana lee y reflexiona diariamente en la Escritura presentada
a continuación. Comienza un fluir natural de oración
conversacional con el Espíritu Santo al meditar en las Escrituras,
invitándolo a que Él se revele. Luego reúnete con los que estás
compartiendo esta trayectoria, e interactúen con las preguntas del
discipulado.

**Lucas 15:11-32**

»Un hombre tenía dos hijos —continuó Jesús—. 12 El menor de
ellos le dijo a su padre: "Papá, dame lo que me toca de la
herencia." Así que el padre repartió sus bienes entre los dos.
13 Poco después el hijo menor juntó todo lo que tenía y se fue a
un país lejano; allí vivió desenfrenadamente y derrochó su
herencia.

14 »Cuando ya lo había gastado todo, sobrevino una gran
escasez en la región, y él comenzó a pasar necesidad. 15 Así que
fue y consiguió empleo con un ciudadano de aquel país, quien
lo mandó a sus campos a cuidar cerdos. 16 Tanta hambre tenía
que hubiera querido llenarse el estómago con la comida que
daban a los cerdos, pero aun así nadie le daba nada. 17 Por fin
recapacitó y se dijo: "¡Cuántos jornaleros de mi padre tienen
comida de sobra, y yo aquí me muero de hambre! 18 Tengo que
volver a mi padre y decirle: Papá, he pecado contra el cielo y

contra ti. ¹⁹ Ya no merezco que se me llame tu hijo; trátame como si fuera uno de tus jornaleros." ²⁰ Así que emprendió el viaje y se fue a su padre.

»Todavía estaba lejos cuando su padre lo vio y se compadeció de él; salió corriendo a su encuentro, lo abrazó y lo besó. ²¹ El joven le dijo: "Papá, he pecado contra el cielo y contra ti. Ya no merezco que se me llame tu hijo." ²² Pero el padre ordenó a sus siervos: "¡Pronto! Traigan la mejor ropa para vestirlo. Pónganle también un anillo en el dedo y sandalias en los pies. ²³ Traigan el ternero más gordo y mátenlo para celebrar un banquete. ²⁴ Porque este hijo mío estaba muerto, pero ahora ha vuelto a la vida; se había perdido, pero ya lo hemos encontrado." Así que empezaron a hacer fiesta.

²⁵ »Mientras tanto, el hijo mayor estaba en el campo. Al volver, cuando se acercó a la casa, oyó la música del baile. ²⁶ Entonces llamó a uno de los siervos y le preguntó qué pasaba. ²⁷ "Ha llegado tu hermano —le respondió—, y tu papá ha matado el ternero más gordo porque ha recobrado a su hijo sano y salvo." ²⁸ Indignado, el hermano mayor se negó a entrar. Así que su padre salió a suplicarle que lo hiciera. ²⁹ Pero él le contestó: "¡Fíjate cuántos años te he servido sin desobedecer jamás tus órdenes, y ni un cabrito me has dado para celebrar una fiesta con mis amigos! ³⁰ ¡Pero ahora llega ese hijo tuyo, que ha despilfarrado tu fortuna con prostitutas, y tú mandas matar en su honor el ternero más gordo!"

³¹ »"Hijo mío —le dijo su padre—, tú siempre estás conmigo, y todo lo que tengo es tuyo. ³² Pero teníamos que hacer fiesta y alegrarnos, porque este hermano tuyo estaba muerto, pero

ahora ha vuelto a la vida; se había perdido, pero ya lo hemos encontrado." »

**Mateo 6:14-15**

»Porque si perdonan a otros sus ofensas, también los perdonará a ustedes su Padre celestial. [15] Pero si no perdonan a otros sus ofensas, tampoco su Padre les perdonará a ustedes las suyas.

---

**Preguntas para el discipulado:**

o   ¿Cuándo fue la última vez que pediste perdón?

o   ¿Cuándo fue la última vez que pediste ayuda para algo que no podías hacer tú solo?

o   ¿Qué es lo que usualmente necesitas para llegar al punto de pedirle a alguien perdón? ¿para llegar al punto de pedir ayuda?

o   ¿Qué emociones rodean ese proceso?

o  ¿Qué respuesta esperas de los demás? ¿Qué te lleva a
   esperar esa respuesta?

"Siempre perdona a tus enemigos; no hay nada que les
moleste más." –Oscar Wilde

**Inventario del perdón**

Escribe las ofensas que tú has hecho, y las ofensas que han
hecho en contra de ti en trozos de papel. Luego, tira uno por
uno en una fogata.

**Pasos de acción:**

o  Tomando en cuenta esto, ¿qué te está pidiendo Dios a ti?

o  ¿Cómo lo llevarás a cabo?

o ¿Cuándo lo harás?


o ¿Quién te ayudará?

# 3ª Parte:

# Confrontando a los demás con humildad cuando sea necesario

*Pregunta clave: ¿Cómo estás mostrando honestidad con los que están alrededor tuyo al confrontarlos cuando es necesario?*

Dios requiere que nos examinemos honestamente a nosotros mismos y aceptemos las áreas en las que quedamos cortos. Ya que nuestra fe hace tal énfasis en el arrepentimiento, esto no debería ser tan difícil para los cristianos, pero invariablemente lo es. A veces haremos todo lo posible por evitar vernos al espejo.

Por esa razón nos necesitamos uno al otro. Confrontar a los demás no es un trabajo envidiable, y lo puede atestiguar cualquier profeta. Pero es necesario. A veces Dios usa a otros creyentes para señalar algún área en la que estamos fracasando y mostrarnos cómo necesitamos cambiar. Por esta razón, necesitamos estar dispuestos a confrontarnos uno al otro honestamente cuando sea necesario, aún si esto significa arriesgarnos a que otros estén enojados con nosotros.

"Recuerda que la mejor relación es cuando el amor que se tiene uno al otro es más grande que la necesidad que tienen uno por el otro." –Dalai Lama XIV

Necesitamos actuar con humildad, y hablar con humildad al mismo tiempo. No somos mejores que los demás, aún cuando necesitemos señalar una falta. Evitemos la trampa de los fariseos.

Esta semana lee y reflexiona diariamente en la Escritura presentada a continuación. Comienza un fluir natural de oración conversacional con el Espíritu Santo al meditar en las Escrituras, invitándolo a que Él se revele. Luego reúnete con los que estás compartiendo esta trayectoria, e interactúen con las preguntas del discipulado.

## 2 Samuel 12:1-13

El Señor envió a Natán para que hablara con David. Cuando este profeta se presentó ante David, le dijo:

—Dos hombres vivían en un pueblo. El uno era rico, y el otro pobre. ² El rico tenía muchísimas ovejas y vacas; ³ en cambio, el pobre no tenía más que una sola ovejita que él mismo había comprado y criado. La ovejita creció con él y con sus hijos: comía de su plato, bebía de su vaso y dormía en su regazo. Era para ese hombre como su propia hija. ⁴ Pero sucedió que un viajero llegó de visita a casa del hombre rico, y como éste no quería matar ninguna de sus propias ovejas o vacas para darle de comer al huésped, le quitó al hombre pobre su única ovejita.

⁵ Tan grande fue el enojo de David contra aquel hombre, que le respondió a Natán:

—¡Tan cierto como que el Señor vive, que quien hizo esto merece la muerte! ⁶ ¿Cómo pudo hacer algo tan ruin? ¡Ahora pagará cuatro veces el valor de la oveja!

[7] Entonces Natán le dijo a David:

—¡Tú eres ese hombre! Así dice el Señor, Dios de Israel: "Yo te ungí como rey sobre Israel, y te libré del poder de Saúl. [8] Te di el palacio de tu amo, y puse sus mujeres en tus brazos. También te permití gobernar a Israel y a Judá. Y por si esto hubiera sido poco, te habría dado mucho más. [9] ¿Por qué, entonces, despreciaste la palabra del Señor haciendo lo que me desagrada? ¡Asesinaste a Urías el hitita para apoderarte de su esposa! ¡Lo mataste con la espada de los amonitas! [10] Por eso la espada jamás se apartará de tu familia, pues me despreciaste al tomar la esposa de Urías el hitita para hacerla tu mujer."

[11] »Pues bien, así dice el Señor: "Yo haré que el desastre que mereces surja de tu propia familia, y ante tus propios ojos tomaré a tus mujeres y se las daré a otro, el cual se acostará con ellas en pleno día. [12] Lo que tú hiciste a escondidas, yo lo haré a plena luz, a la vista de todo Israel."

[13] —¡He pecado contra el Señor! —reconoció David ante Natán.

—El Señor ha perdonado ya tu pecado, y no morirás —contestó Natán—.

**Gálatas 2:11-14**

Pues bien, cuando Pedro fue a Antioquía, le eché en cara su comportamiento condenable. [12] Antes que llegaran algunos de parte de Jacobo, Pedro solía comer con los gentiles. Pero cuando aquéllos llegaron, comenzó a retraerse y a separarse de los gentiles por temor a los partidarios de la circuncisión. [13] Entonces los demás judíos se unieron a Pedro en su hipocresía, y hasta el mismo Bernabé se dejó arrastrar por esa conducta hipócrita.

[14] Cuando vi que no actuaban rectamente, como corresponde a la integridad del evangelio, le dije a Pedro delante de todos: «Si tú, que eres judío, vives como si no lo fueras, ¿por qué obligas a los gentiles a practicar el judaísmo?

_____

### ¿Fácil o difícil?

Algunas personas piensan que es fácil confrontar a otros. Algunos lo encuentran difícil. Generalmente hablando, aquellos que se les dificulta, necesitan hacerlo más seguido. A aquellos que se les hace fácil, necesitan hacerlo menos seguido. ¿Hacia qué lado te inclinas? ¿Qué podrías hacer para lograr los cambios necesarios en la manera en la que confrontas a los demás.

**Preguntas para el discipulado:**

o ¿Cuándo has sentido la necesidad de confrontar a alguien? ¿Qué hiciste? ¿Cuál fue el resultado?

o Platica de una situación en la que alguien te confrontó. ¿Cómo te sentiste? ¿Qué puedes aprender de esa experiencia acerca de lo que es confrontar a las personas?

o ¿Se te hace difícil o fácil confrontar a alguien? Explica.

o ¿Cómo examinas tu corazón y tus motivos antes de hablar con alguien más? ¿Cómo crees que debe verse un proceso bueno?

**Pasos de acción:**

o Tomando en cuenta esto, ¿qué te está pidiendo Dios a ti?

o ¿Cómo lo llevarás a cabo?

o ¿Cuándo lo harás?

o ¿Quién te ayudará?

# 4ª Parte:

# Orando por, y con, los demás

*Pregunta clave:* *¿Cómo estás orando por, y con, otras personas?*

Nuestra manera de relacionarnos es horizontal y vertical: nuestras relaciones uno con el otro son horizontales, y nuestra relación con Dios es vertical. En oración, traemos esas dos categorías juntas. Oramos por aquellos con los cuales tenemos una relación horizontal… trayendo sus necesidades y preocupaciones ante Dios. Oramos con otros a Dios… trayéndolos dentro de nuestra relación en Dios. Eso crea una intimidad relacional que pide una autenticidad completa – tanto con Dios, como con los demás. Al mismo tiempo, nuestra relación con Dios es enriquecida por nuestra relación con los demás. Así también, nuestra relación con los demás es enriquecida por nuestra relación con Dios.

> "La Biblia nos dice que debemos amar a nuestro prójimo, y también debemos amar a nuestros enemigos; probablemente porque generalmente son la misma persona." – G.K. Chesterton

a continuación. Comienza un fluir natural de oración conversacional con el Espíritu Santo al meditar en las Escrituras, invitándolo a que Él se revele. Luego reúnete con los que estás compartiendo esta trayectoria, e interactúen con las preguntas del discipulado.

**Colosenses 1:3-14**

Siempre que oramos por ustedes, damos gracias a Dios, el Padre de nuestro Señor Jesucristo, ⁴ pues hemos recibido noticias de su fe en Cristo Jesús y del amor que tienen por todos los santos ⁵ a causa de la esperanza reservada para ustedes en el cielo. De esta esperanza ya han sabido por la palabra de verdad, que es el evangelio ⁶ que ha llegado hasta ustedes. Este evangelio está dando fruto y creciendo en todo el mundo, como también ha sucedido entre ustedes desde el día en que supieron de la gracia de Dios y la comprendieron plenamente. ⁷ Así lo aprendieron de Epafras, nuestro querido colaborador y fiel servidor de Cristo para el bien de ustedes. ⁸ Fue él quien nos contó del amor que tienen en el Espíritu.

⁹ Por eso, desde el día en que lo supimos no hemos dejado de orar por ustedes. Pedimos que Dios les haga conocer plenamente su voluntad con toda sabiduría y comprensión espiritual, ¹⁰ para que vivan de manera digna del Señor, agradándole en todo. Esto implica dar fruto en toda buena obra, crecer en el conocimiento de Dios ¹¹ y ser fortalecidos en todo sentido con su glorioso poder. Así perseverarán con paciencia en toda situación, ¹² dando gracias con alegría al Padre. Él los ha facultado para participar de la herencia de los santos en el reino de la luz. ¹³ Él nos libró del dominio de la oscuridad y nos trasladó al reino de su amado Hijo, ¹⁴ en quien tenemos redención, el perdón de pecados.

**Orando la oración "El Padre Nuestro"**

Una manera en la que podemos estructurar nuestra oración para estar orando, alineados con las enseñanzas de Jesús, es orar "El Padre Nuestro". No es el único patrón de oración, pero es uno bueno para seguir.

**Mateo 6:9-13**

[9] Ustedes deben orar así:

Padre nuestro que estás en el cielo, santificada sea tu nombre.
   *(Oración reconociendo quién es Dios)*

[10] venga tu reino.
   *(Oración de esperanza para el futuro)*

hágase tu voluntad  en la tierra como en el cielo.
   *(Oración alineándose con la voluntad de Dios)*

[11] Danos hoy nuestro pan cotidiano,
   *(Oración por la provisión de nuestras necesidades)*

[12] Perdónanos nuestras deudas, como también nosotros hemos perdonado a nuestros deudores
   *(Oración pidiendo perdón)*

[13] Y no nos dejes caer en tentación,  sino líbranos del maligno.
   *(Oración por protección de tentación)*

———————————————

**Preguntas para el discipulado:**

- o ¿Por quién o por qué sientes necesidad de orar regularmente?

- o ¿Qué tan a menudo oras corporalmente con los demás? ¿En qué lugar o situación?

- o ¿Qué tiempo has apartado para orar individualmente?

- o ¿Qué lugares o situaciones te llevan más a la oración?

- o ¿Cuáles son algunas formas creativas en las que puedes ramificarte en tu oración?

**Ejercicio de oración:**

Esta semana, ora en distintos lugares y a distintas horas de lo normal. Si usualmente oras en la mañana, trata de orar en la noche. Si usualmente oras solo y en silencio, trata de caminar o correr alrededor de tu vecindario. ¿Qué cambios notas cuando oras en distintos lugares y a distintas horas?

**Pasos de acción:**

o   Tomando en cuenta esto, ¿qué te está pidiendo Dios a ti?

o   ¿Cómo lo llevarás a cabo?

o   ¿Cuándo lo harás?

o   ¿Quién te ayudará?

# 5ª Parte:

# Apoyándonos uno al otro honestamente a través de todos los desafíos que trae la vida

*Pregunta clave: ¿Cómo estás apoyando a otros honestamente a través de los desafíos que trae la vida?*

Todas las personas a nuestro alrededor enfrentan desafíos. Ser generoso relacionalmente es una de las contribuciones más significativas que podemos dar. Al invertir en los demás relacionalmente, nosotros, al igual que ellos, somos transformados.

¿Cómo invirtió Dios en nosotros? De una manera muy personal y relacional. Jesús bajó como uno de nosotros. Invirtió en amistades a largo plazo. Tomó nuestro lugar en la cruz. Dios el Padre se aseguró de los detalles más íntimos de nuestra creación, haciéndonos como Él quiso que fuéramos. El Espíritu Santo vive dentro de nosotros, proveyendo dirección y una comunicación divina constante. Todo eso requirió mucha más inversión que escribir un cheque y decir, "Caliéntate y come bien". Él mismo nos calentó y nos alimentó.

De la misma manera, debemos invertir en otras personas hasta el grado en el que podamos. Dios colocó a las personas en nuestra vida ahí por una razón. Debemos amarlas y reflejar a Dios para ellos. Estamos ahí para satisfacer sus necesidades. Es cierto, sólo tenemos una cierta cantidad de capacidad relacional. Sólo podemos conocer a cierta cantidad de personas a nivel personal. ¿Cómo estamos invirtiendo la capacidad relacional que sí tenemos? El grado hasta el cual lo hagamos, refleja una vida de generosidad.

> Durante la desgracia, ¿cuál amigo permanece como un amigo? –Eurípides

Esta semana lee y reflexiona diariamente en la Escritura presentada a continuación. Comienza un fluir natural de oración conversacional con el Espíritu Santo al meditar en las Escrituras, invitándolo a que Él se revele. Luego reúnete con los que estás compartiendo esta trayectoria, e interactúen con las preguntas del discipulado.

## 1 Tesalonicenses 2:8-13

así nosotros, por el cariño que les tenemos, nos deleitamos en compartir con ustedes no sólo el evangelio de Dios sino también nuestra vida. ¡Tanto llegamos a quererlos! [9] Recordarán, hermanos, nuestros esfuerzos y fatigas para proclamarles el evangelio de Dios, y cómo trabajamos día y noche para no serles una carga.

[10] Dios y ustedes me son testigos de que nos comportamos con ustedes los creyentes en una forma santa, justa e irreprochable. [11] Saben también que a cada uno de ustedes lo hemos tratado como trata un padre a sus propios hijos. [12] Los hemos animado, consolado y exhortado a llevar una vida digna de Dios, que los llama a su reino y a su gloria. [13] Así que no dejamos de dar gracias a Dios, porque al oír ustedes la palabra de Dios que les predicamos, la aceptaron no como palabra

humana sino como lo que realmente es, palabra de Dios, la cual actúa en ustedes los creyentes.

**Juan 15:9-17**

»Así como el Padre me ha amado a mí, también yo los he amado a ustedes. Permanezcan en mi amor. [10] Si obedecen mis mandamientos, permanecerán en mi amor, así como yo he obedecido los mandamientos de mi Padre y permanezco en su amor. [11] Les he dicho esto para que tengan mi alegría y así su alegría sea completa. [12] Y éste es mi mandamiento: que se amen los unos a los otros, como yo los he amado. [13] Nadie tiene amor más grande que el dar la vida por sus amigos. [14] Ustedes son mis amigos si hacen lo que yo les mando. [15] Ya no los llamo siervos, porque el siervo no está al tanto de lo que hace su amo; los he llamado amigos, porque todo lo que a mi Padre le oí decir se lo he dado a conocer a ustedes. [16] No me escogieron ustedes a mí, sino que yo los escogí a ustedes y los comisioné para que vayan y den fruto, un fruto que perdure. Así el Padre les dará todo lo que le pidan en mi nombre. [17] Éste es mi mandamiento: que se amen los unos a los otros.

---

"Sé tú mismo; los demás ya están tomados." –Oscar Wilde

**Preguntas para el discipulado:**

o ¿Con quién tienes una amistad regular?

o ¿Cómo describirías esas relaciones? ¿Tiendes dar más, o recibir más?

o ¿De qué manera puedes darle a los que tienen una amistad contigo?

o ¿Qué expectativas tienes tú para con los demás, las cuales causan que te sea difícil invertir en otras personas?

o ¿Cuáles son algunas formas en las que otros han invertido en ti a lo largo de tu vida?

o ¿Qué impacto causaron? ¿En qué formas ha invertido Dios en ti?

**Pasos de acción:**

o   Tomando en cuenta esto, ¿qué te está pidiendo Dios a ti?

o   ¿Cómo lo llevarás a cabo?

o   ¿Cuándo lo harás?

o   ¿Quién te ayudará?

# ¿Qué sigue?

Así que has terminado esta guía. ¿Ahora qué? Existe alguna otra dimensión del discipulado en la que debes enfocarte? Si es así, ¿en cuál?

Ya que las Dimensiones del Discipulado no tienen la intensión de ser usadas en un orden en particular, te toca a ti escuchar al Espíritu Santo. Observa el panorama general, y decide a dónde es que Dios te está guiando después. Al seguir un sistema integral, siempre será una sorpresa. No importa qué guía escojas a continuación, estás comprometido en un proceso continuo de acción—reflexión, al continuar viviendo encarnado y misionalmente. Todas las guías de Dimensiones del Discipulado se indican a continuación:

- *Experimentando a Dios:* Participando intencional y consistentemente con Dios en una relación más profunda

- *Capacidad de Respuesta Espiritual*: Escuchando al Espíritu Santo y actuando según lo que escuchas

- *Servicio Sacrificial:* Haciendo buenas obras, aún cuando sea costoso, inconveniente o un desafío

- *Una Vida Generosa:* Fielmente administrando lo que Dios te ha dado para que el reino avance

- *Haciendo Discípulos:* Haciendo más y mejores seguidores de Cristo al vivir la Gran Comisión

- *Transformación Personal:* Cambiando tu conducta y actitud por tu relación con Dios y con los demás

- *Relaciones Auténticas:* Participando con otras personas en maneras que reflejen el corazón de Dios hacia ellos

- *Transformación en la Comunidad:* Una participación personal con otros para facilitar un cambio positivo donde vives y más allá

Tal vez lo que sigue no es otra guía de las Dimensiones del Discipulado. Estas son algunas otras opciones:

- Si tienes un amigo o un mentor con el cual has estado leyendo estas guías, o si te gustaría comenzar a discipular a alguien más, puedes incrementar grandemente la productividad de tu relación de asesor usando la siguiente herramienta: www.disciple.mycoachlog.com—esta te ayudará a permanecer en el camino, reflexionar en lo que Dios está haciendo, y celebrar el progreso.

- Tal vez estés listo para tomar esta relación con un asesor al siguiente nivel, ya sea buscando un asesor, aprendiendo cómo ser asesor, o entrenando a tu iglesia en lo que hace un asesor. Visita www.loganleadership.com para mayores informes acerca de estas oportunidades.

- Puedes seguir con series similares, como por ejemplo: Las guías The Journey Together Now ("El camino juntos ahora"). Puedes encontrar más información acerca de estas guías, y las podrás descargar en www.journeytogethernow.com.

Sin importar lo que sigue para ti, continúa creciendo en maneras en las que seguirás este viaje continuo del discipulado.

www.ingramcontent.com/pod-product-compliance
Lightning Source LLC
Chambersburg PA
CBHW071939020426
42331CB00010B/2941